當代中華詩詞名家精品集

赵仁珪/卷

中华诗词研究院 编

中国青年出版社

图书在版编目（CIP）数据

当代中华诗词名家精品集·赵仁珪卷／赵仁珪著．
中华诗词研究院编——北京：
中国青年出版社，2014.7
ISBN 978—7—5153—2596—5
Ⅰ．①当… Ⅱ．①赵…②中… Ⅲ．
①诗词－作品集—中国—当代 Ⅳ．①I227
中国版本图书馆 CIP 数据核字（2014）第 175145 号

责任编辑：彭明榜
丛书题签：霍松林
书籍设计：孙初＋林业

中国青年出版社出版发行
社址：北京东四 12 条 21 号
邮政编码：100708
网址：www.cyp.com.cn
编辑部电话：(010) 57350506
门市部电话：(010) 57350370
北京科信印刷有限公司印刷　　新华书店经销

700mm×1000mm　1/16　7 印张　60 千字
2015 年 1 月北京第 1 版　2015 年 1 月北京第 1 次印刷
定价：20.00 元

《当代中华诗词名家精品集》出版说明

为弘扬中华诗词文化，促进当代中华诗词优秀作品的传播和交流，值此中华诗词研究院成立三周年之际，特编辑、出版《当代中华诗词名家精品集》丛书，以期为广大读者提供优秀的当代诗词读本。

《当代中华诗词名家精品集》的作者为中华诗词研究院顾问，他们是当代诗词名家、大家。每卷收录作者自选代表性作品一百首以内，注重艺术性、当代性，且能反映诗人的艺术风格和创作面貌。经过近一年的约稿、审订、编校等紧张工作，《当代中华诗词名家精品集》（第一辑）共出版十卷，收入饶宗颐、霍松林、叶嘉莹、刘征、程毅中、梁东、周笃文、杨天石、白少帆、赵仁珪十家。

我们期冀通过《当代中华诗词名家精品集》的出版，为读者提供一份精美的精神食粮，发挥诗词名家对当代诗词创作与研究的引领作用，展现中华诗词的当代魅力。

中华诗词研究院

二零一四年七月

目录

旅游抒怀

平生山水最心仪，半为风光半为诗。
每遇奇观惊四顾，辄寻佳句费三思。
由他睡梦归车稳，正我推敲选韵迟。
片纸零笺投锦袋，灞桥驴背可相期。

杜甫草堂

万里风尘奠像前，瓣香怎敌片心丹。
忧心总向疮痍世，诗卷长留天地间。
多少贼王争宇内，几番血雨洗中原。
谁能饱蘸万民泪，秉笔如公写续篇。

登玉垒山二王庙观都江堰

登攀玉垒望都江，一树平铺遍蜀乡。
派注千流原野绿，泽流两岸稻花香。
二王耗尽终身血，百姓奉还万代香。
回首古今皇苑地，空余金壁或残墙。

夜航，时经巫峡至西陵峡

西陵乱水没残阳，别样风光待夜航。
岸影沉沉江渐阔，浪花絮絮水失狂。
半轮明月舷左右，一道金鳞水中央。
不是舟人轻夜语，只疑身已在仙乡。

第三联上下拗救。

游乐山，夜宿拥翠楼

暮色邀人宿翠隈，小楼夜语烛成灰。
龙吟细细方催睡，诗句难裁梦又回。

龙吟：竹声也。是夜停电，只得以蜡烛照明，颇富情趣。

游黄龙

名川随处有“黄龙”，此处风光多一重：
恰似西洋金发女，轻拂碧水弄姿容。

漫步黄龙松林

四面松坡翠映眸，鸟声花气助清幽。
奔淙无赖如群犬，到处扑人任意流。

题黄龙五彩池

瀑水随形乱地流，时时贮满小池头。
天公画罢曾抛笔，染得满山五彩柔。

夜经白帝城

岸上忽然灯火明，舟人遥指永安城。
大江东去浪淘尽，转瞬唯馀三两星。

白帝城有永安宫，刘备死处。

九寨水（调寄水调歌头）

九寨甲天下，瀑“海”最称先。瑶池相约银汉，携手落人间。渟蓄幽深如镜，倒映白云翠嶂，参差可比勘。绝壁飞银甲，咆哮欲崩山。

翡翠碧，鸭头绿，孔雀蓝。画工到此，愁杀五色太天然。待到金风送爽，红叶青山相乱，波影更斑斓。青莲生今日，投水即成仙。

当地称湖为海。青莲：李白。

乐山大佛偈

我佛辛苦，栉风沐雨。
我佛庄严，端坐水浒。
我佛慈悲，指点津渡。
一经指点，便当觉悟。
一旦觉悟，便生乐土。
乐土乐土，谁当作主？

题高昌故城遗址

断墙三五里，曾是帝王家。
关隘坚如铁，人烟密似麻。
一朝驰战马，遍地卷黄沙。
东土重来客，登台独自嗟。

据说玄奘曾从东土取经来到此地。“嗟”，读如家。

游天山三首（调寄忆江南）

天山好，到处是长松。坡暖风摇翠袖女，峰寒雪聚白头翁。四季一山中。

天池好，一镜碧如天。岸影倒铺松柏绿，波光深贮宝石蓝。白练绕山间。

天伦好，处处是家乡。一领毡篷居老幼，几鬃老马牧牛羊。阵阵野炊香。

祝“世纪之交中国古典文学及丝绸之路文明国际研讨会”在新疆乌市成功落幕

文坛指点待群贤，一顾匆匆又百年。
莫讶此番多远见，只缘相聚在天山。

游纳拉提草原与天鹅湖

水肥树茂纳拉提，牧场连山草陆离。
花不知名各有色，水无定势自成溪。
蓝天愈显冰峰伟，古木凭添翠嶂奇。
最喜天鹅湖畔美，任君试马纵霜蹄。

谒柳侯祠

每读河东每不平，苍天何不祐英灵？
空怀社稷千秋业，徒落蛮荒万里行。
功过当时难定论，文章后世有公评。
吾今不惜奔波苦，只为祠前慨一声！

漓江写生

水展青罗带，山排碧玉簪。
新晴波潋滟，细雨影婵娟。
江曲柔难画，峰奇秀可餐。
渔舟归唱晚，逝入武陵源。

咏桂林山色

天帝对弈罢，失手翻棋盘。
满天黑白子，纷纷落人间。
一经漓江染，粒粒变青山。
山势如棋势，布局仍联翩。
或簇博生死，相斗两龙蟠。
或疏如初始，小飞跳单官。
叠彩稳守角，伏波配小尖。
象山遥相应，独秀镇天元。
天帝回眸笑，妙局非偶然。
赠予人间客，千秋万代传。

叠彩、伏波、象山、独秀皆桂林山名。

游珠海情侣大道口占

百里长堤信步游，华灯初上海风柔。
遥怜两两鸳鸯侣，悔我如今已白头。

庆祝澳门回归（调寄沁园春）

秀丽澳门，南海明珠，熠熠濠湾。望松山灯塔，高标崖畔；莲峰古刹，静卧山巅。地杰人灵，物华天宝，何故蒙尘四百年？逢新世，庆一朝洗雪，合浦珠还。

还来自有容颜。集中外文明一市间。有圣母堂前，钟声穆穆；妈阁庙里，袅袅香烟。漫步街头，重楼叠宇，恰似投身万国园。从今后，为九州一轨，再创明天。

游钓鱼城

钓鱼城险扼三江，曾是当年旧战场。
丛草锻成长剑戟，群松筑就铁城墙。
岂延宋祚卅余载，更励国魂千古光。
十万英灵今尚在，年年遍地野花香。

钓鱼城乃南宋时四川军民抗击元军入侵之要塞，十万军民在王坚等人领导下于此坚守三十余年，击毙蒙古大汗元宪宗蒙哥，迫使忽必烈撤军争夺帝位。钓鱼城要塞由此享誉世界，欧人尤景仰，因缓解蒙古侵欧之进程也。

与钟振振、熊宪光教授等同游缙云山

缙云山上雾沉沉，化作沾衣细雨匀。
青岭含羞遮锦幄，黛湖弄秀展罗裙。
温泉汩汩流诗意，竹海潇潇细论文。
遗恨尘俗催走马，不能携手访白云。

登新建之鹳雀楼怀古

诗人二十字，远胜百寻楼。
楼固千年毁，诗佳万代留。
凭栏眺落日，品句豁清眸。
欲驾黄河水，挟风天际游。

访滕王阁

江南第一楼，雄镇古洪州。
飞阁层檐耸，平波束带流。
废兴频替代，诗序亘存留。
凭吊回廊下，徘徊怅晚秋。

“诗序”谓王勃之滕王阁序。

西双版纳风情

君来版纳看，到处绿油油。
寨寨释迦殿，家家吊脚楼。
野蔬随手采，瓜果自然熟。
泼水迎佳节，风俗第一流。

“熟”读为“收”之阳平。

滇西抗战赞（调寄沁园春）

拜谒腾冲国殇烈士陵园、参观滇缅抗战博物馆有感。

古塞边城，抗战名邦，英勇腾冲。昔滇缅公路，国家命脉；驼峰航线，生死时空。九隘八关，怒江两岸，万众一心敌忾同。凭双手，敢开天辟地，个个愚公。

铁军铸就光荣，我忠勇男儿唱《大风》。曾挥师缅甸，力拼倭寇；血流焦土，气贯长虹。不朽英灵，青春血肉，铸就长城烽火中。青松下，看行行碑碣，犹似冲锋。

"九隘八关"是当地人对当地形势的概括。为收复保山、腾冲等失地，这些城市皆被夷为平地，史称"焦土抗战。"

侨乡斋农庄晚宴

幽幽深巷小山庄，花木扶疏满院香。
酒不醉人人自醉，满天星斗入轩窗。

游丽江、束河古镇

金沙丽水城，天地注钟灵。
古辙通深巷，小楼迎柳风。
开轩落花雨，依枕醉溪声。
会得欣然意，陶潜遇武陵。

陶渊明《五柳先生传》："好读书，不求甚解，每有会意便欣然忘食。"《桃花源记》："晋太元中，武陵人捕鱼为业。"

访黟县西递、宏村古村（调寄水调歌头）

西递古村落，迎客矗牌坊。宏村更蕴灵秀，荷藕满湖塘。近水远山相映，添得白墙灰瓦，四下散清香。坐落武陵里，增色好风光。

青石路，小天井，彩雕梁。门前流水，屋脊相隔马头墙。最喜佳联额匾，犹带明清古韵，户户挂高堂。致富追儒雅，指点话徽商。

据当地人考证，黟县即陶渊明所记武陵人所发现之桃花源。宏村外有很大一片池塘，称“南湖”。徽派建筑，家家屋脊相连，中建一堵两三层、下宽上窄之扁方形白墙灰瓦之隔壁，外角处略带飞檐，称之为“马头墙”，可以起到防火之作用，因户户屋顶相连也。

宣纸铭

参观宣城泾县宣纸厂有感。

沙稻取绵，青檀取刚。泾川之水，天合两长。
浆滤烘裱，妙手施方。同心协力，始以成张。
毫运其表，六骏腾骧。墨润其里，五色含光。
千百年后，色新如常。东方艺术，万古流芳。
呜呼噫嘻，此颂可当：书画之母，字纸之王！

泾县宣纸主要以当地沙田稻之秸秆及青檀树之树皮为原料，而更得益于泾河独特之水质，故所造宣纸之质地绵韧适宜。六骏乃唐太宗之六匹骏马之总称。

吊虞姬墓

一腔柔血报君王，不染桃花染剑芒。
白骨无情埋野草，英魂一缕尚飘香。

题威尼斯水城

一座孤城海上浮，纵横水巷裂鸿沟。
小桥四百齐心力，锁住群楼一起流。

威尼斯由一百多小岛组成，以四百馀座石桥相连。

游威尼斯水城

水城以两端尖翘的小舟贡都拉著称。

水为通衢舟为车，轻灵来往贡都拉。
竖琴横奏无弦曲，小橹吱呀拨水花。

“车”，读如插。

题罗马竞技场

错落高台拱似城，当年万众醉腥风。
冤魂不肯随风散，残草犹闻带血生。

长安怀古

长安偏得帝王尊，一十三朝傲古今。
柏海轩辕推始祖，碑林翰墨记人文。
兵戈早已埋荒冢，钟鼓犹能忆上林。
欲厕登楼增一慨，慈恩四面起彤云。

“兵戈”句，谓兵马俑遗址也。

“欲厕”二句：当年杜甫、岑参、高适等人曾登慈恩寺（大雁塔）联袂赋诗。

马嵬怀古

寻幽访古上荒台，万壑风来放眼哀。
衰草波翻侵古道，颓坟龟裂补苍苔。
翩鸿有恨飞难去，战火无情还复来。
一自三郎遮面去，明君情种两相乖。

登乐游原凭吊秦汉宫殿陵寝遗址

废础荒陵遍帝乡，苍茫无语掩斜阳。
阿房方烬兴长乐，秦冢未颓揖汉唐。
文士多情慨今古，农夫无趣牧牛羊。
兴亡一律埋黄土，只任蒿莱较短长。

阿房、长乐皆长安宫殿名。揖：行礼让位。

游婺源诸古村

碧浦绕茶林，青山枕小村。
苔檐斑驳绿，古巷参差深。
物阜知时美，民风依旧淳。
桥头聆逝水，遥想羲黄人。

游庐山

庐山以人文、政治名天下。

庐山故事记人文，贯古该今天下尊。
陶令采篱悠兴远，东坡题壁哲思深。
美庐园主春秋易，彭大将军肝胆存。
游客无心寻瀑布，徘徊遗迹慨风云。

蒋宋夫妇及毛江夫妇居庐山皆下榻于美庐。

放眼青海湖

造物神工岂可侔？飞来碧海雪山头。
蓬莱出没鲸波涌，日月沉浮星汉流。
远岭千重增肃穆，长风万里送轻柔。
古来白骨哭荒野，今日黄花满绿洲。

黄花：青海湖畔到处是大片的油菜花。

金银滩礼赞（调寄水调歌头）

此处乃当年实验两弹处之遗址，今建有纪念馆。

青海湖边美，最美金银滩。绿茵铺到何处？莽莽染天边。水美草深林茂，牛壮羊肥马健，淌淌小河欢。日暮炊烟起，人畜共悠闲。

同此地，歌今日，记从前。十年两弹，群英荟萃战荒烟。一展宏图才智，耗尽青春岁月，铁血铸宣言：只有长矛利，才会盾牌坚！

登刘公岛缅怀甲午海战

一样波涛一样风，百年难尽战烟浓。
强兵遗梦折胎内，铁甲残骸葬海东。
国耻由来非战罪，时乖无奈已途穷。
英碑日夜临风泣，长报国民警世钟。

项羽临终曰：“天亡我也，非战之罪也。”此语正可用于甲午海战殉难者身上。刘公岛上有甲午海战殉难烈士英灵碑。

航海二绝句

其一

夜空惟见满天星，晴日洪涛四海平。
宇宙茫茫何处我，浪花一朵即人生。

其二

凭舷远眺海天垂，任尔长风扑面吹。
吹得两胁生羽翼，海鸥伴我自由飞。

由韩国一方眺望“三八”线有感，是日阴雨

三千沃野小瀛洲，一线无情万丈沟。
鸿雁穿云空寄恨，凄风吹雨更添愁。
寡头一误万民死，半岛双分数代仇。
南望洪涛沟更阔，中华何日唱金瓯。

“一线”句，谓三八线如鸿沟割裂朝鲜三千里锦绣河山。“南望”句，谓南望台湾海峡。

呼伦贝尔白鹿岛激流河漂流

绿水青山蚱蜢舟，乘风破浪逐东流。
水中锦鲤闻声散，山上彤云随雨收。
岸有千寻超赤壁，诗无半句愧黄州。
兴佳何必分今古，聊作逍遥半日游。

游南岳

南岳高风实寡俦，禅心铁血共春秋。
台前磨镜开心智，馆内会商定国谋。
五叶流芳传佛法，八年泣血护神州。
梵钟一响千山肃，伴我忠魂万壑浮。

南岳有磨镜台，乃禅宗大师怀让点化马祖之处；台下有福严寺，寺下有何健公馆，乃抗战时期四次召开南岳军事会议处，共产党曾派代表列席；公馆下建有纪念南岳保卫战殉国将士的忠烈祠。

宝岛观海（调寄水调歌头）

何处观沧海？宝岛耸重岗。雄鸡扬起金距，直指太平洋。断岸横截涛脊，峭壁直插海底，激浪千重狂。遥望深蓝尽，一线接天光。

零星雨，快哉风，披襟当。登临纵目，伤今怀古意飞扬。俯瞰人生一世，恰似浪花一朵，转瞬即消亡。从此寸心地，当学海天长。

谒清西陵

巍峨寝庙尚辉煌，依傍山川卧夕阳。
翁仲斑驳增肃穆，松涛棖觸叹沧桑。
开基一统拓疆宇，叔世几番屈列强。
三百年来功与过，后人指点细评章。

谒元上都遗址

四面青山放眼量，龙兴王气尚飞扬。
披拂宿草逢春绿，摇曳金莲散古香。
断垄残垣控欧亚，荒基废础记辉煌。
王朝可与星辰换，创世文明日月长。

旧金山金门大桥俯瞰（调寄水调歌头）

天赐一湾水，云海何茫茫。一桥飞架两岸，风雨阅沧桑。座座白楼层列，密密松林环抱，迤逦绕山岗。点点云帆影，海鸟共颉颃。

西望眼，波浩渺，太平洋。横空一线，吞得明月与残阳。愿借长风更上，回首美中大地，共享水一方。彼此同凉热，来往多津梁。

金门大桥自始建已近八十年矣。旧金山乃山城，多白色建筑。

参观大都会博物馆中国厅

万国珍奇聚一堂，中华文物广收藏。
商周彝鼎元书画，齐魏碑铭汉瓦当。
巧取豪夺辩有据，递传聚散叹无常。
由他完璧未归赵，且与西洋争短长。

题曹雪芹故居

败壁题诗黄叶村，小桥流水慰孤魂。
古槐松柏萧萧竹，尽是红楼寻梦人。

雨中游神农架

千山万壑起荆襄，一架神农锁大江。
炎帝祭坛烟已杳，昭君故里水犹香。
丝丝雨润千重嶂，阵阵风流五色光。
蜚语野人何处觅，泉流瀑唱尽仙乡。

三书既成，聊以自嘲，呈启先生，即效启功体（调寄永遇乐）

遮目嫌沉，入厕嫌黑，覆瓿嫌小。西凑东拼，拉拉杂杂，休道旁人笑。窗前灯下，自家翻检，也觉心虚脸臊。又何须秦皇再世，索性自家烧掉。

“咄嗟否否”，我公摇首，别有一番妙道：“铅字戳儿，层层码起，胜建碑修庙。死生相异，西天路上，还要些儿鞋帽。千页纸，总能糊件，遮羞的罩。”

“三书”谓余参与编写的《中国古代文学史》《中国古代文学史长编》《中国古代文学简史》。

读《启功韵语》《启功絮语》

余事作诗人，三年成二册。
开卷目不暇，篇篇映奇色。
驱得五车书，纷纷来听喝。
拘来古诗翁，奔走门前过。
轻松白香山，滑稽东方朔。
蓬莱驾鹤仙，曹溪参禅客。
西江次第排，竹林散淡坐。
义山送精研，东坡献疏阔。
更有杜少陵，诚心输魂魄。
掩卷闭目思，毕竟只一个：
风调与音容，分明启元白。
幽栖坚净居，吟榻独自卧。
烟云过眼空，笔底吟不辍。

更兼性情真，天生多幽默。
敏捷世无双，才高无人和。
小诗信手拈，只需一磨墨。
有时稍费时，至多一入厕。
也有呕心篇，推敲费斟酌。
所幸长失眠，月下细雕刻。
莫嫌住院频，正堪增吟课。
药液如琼浆，滴滴酿奇货。
归家病债消，诗稿增一摞。
愿公从今后，精神更矍铄。
新诗日日堆，直把楼冲破。

先生字元白（白读如帛），自名其书斋曰“坚净居”。

贺启先生米寿

自古无多米寿翁，先生米寿又难同。
秋冬眼底生幺凤，春夏腰间卧莽龙。
凤翳龙缠徒搅扰，吟诗作赋自从容。
吉人自有吉星照，白寿在前待我公。

七十七为喜寿，八十八为米寿，九十九为白寿。启先生米寿前一年患眼底黄斑症，今春又患带状疱疹，俗称缠腰龙。

贺启先生九十大寿

老而弥健寿弥高，十秩初开气正豪。
白障黄斑空碍眼，鸿文墨宝不捉刀。
一扬二益春秋往，两枕三杯日月消。
更得孟尝颐养法，新添二窟不藏娇。

“鸿文”句谓先生尚可亲自操笔写文章。唐人云扬州、益州之美为“扬一益二”，先生去年访扬州，今年又游成都。苏轼《发广州》有“三杯软饱后，一枕黑甜余”之句，并自注“软饱”谓饮酒，“黑甜”为睡梦也。孟尝君有狡兔三窟之说，“不藏娇”乃黄苗子先生论启先生之玩笑语也。

祝启先生第九十三岁生日

搬演传奇厕世间。这回扮相更庄严。
腰悬一品金鱼袋，手拄银龙四脚幡。
经卷何须灯下执，遨游且待日高眠。
九三华旦如期至，游戏人生又一年。

“腰悬”二句：先生尝自嘲所挂体外尿袋为“赐紫金鱼袋”，手扶之助步器为“四脚龙”。

为启先生整理三书随感（调寄虞美人）

一、为《启功韵语集》做注

八分六法称双绝。诗笔更清越。缘何弱管有神功？心画心声总自性情中。

多蒙绛帐传诗要。怜我差堪教。不须立雪沐阳春。拾得吉光片羽作家珍。

二、听启先生口述往事

撰《启功口述历史》，先生本不欲为而勉为之。

本期心静如池水。一石涟漪起。荡开多少旧时情。恰似扁舟一叶浪中行。

纵使命运多颠簸。我自求真我。何须转语作轻言：往事如烟还是不如烟？

时有《往事并不如烟》一书，颇流行。

三、整理《讲学录》有感

每翻笔记每回忆。情景犹昨历。恰如旧照逐张翻。廿五年前风采尚翩翩。

纵横捭阖谈今古。如指家珍数。通才何处觅仪型？此卷博观约取足为征。

为启先生守灵有感
（调寄声声慢，步李易安原韵）

鲜花如海，挽幛如潮，椎心哀乐声戚。鱼贯伤心吊客，川流不息。音容笑貌犹在，恨死神、相煎太急。睹遗物，想风神，都是旧时相识。

为报骚人情志，满堂壁、名联佳什难摘。速慰九泉诗老，墨香透黑。成千莘莘学子，绕深宵、烛泪滴滴。这次第、怎一个“副部”了得。

“为报”句：讣告未见“诗人”头衔，令人遗憾。“成千”句：七月一日上千学生为启先生举行烛光追悼会。“副部”句：据规定，启先生只能享受副部级规格的待遇。

与启先生遗体告别（调寄金缕曲）

作于遗体告别之日，是日天气忽阴。之前曾梦见启先生在彼界居住于农舍之中，生活似颇清贫，然友朋众多，争先以农家饭肴相招，颇多田园之乐，亦一慰也。

哀乐声声泣。似长叹、哲人长逝，回天无力。纵使明知呼不起，犹想再陈心迹。最无奈、灵车关闭。不但幽明今日隔，骸与灵，从此相离析。天也恨，阴云密。

不如索性全抛弃。记先生、生前妙喻：人生如戏。何况梦中分明见，瓦舍小窗安憩。具鸡黍，与邻同醉。却有一约君莫忘：授生徒、绛帐留馀地。且续我，师生谊。

扫先师墓有感

每来祭奠每难忘，总见鲜花簇路旁。
白雪皑皑尤耀目，秋风瑟瑟尚飘香。
容仪不远人争仰，桃李无言蹊自长。
又是清明凭吊日，小诗一首寄仙乡。

二○○七年四月，丁亥清明前夕作。

又（调寄玉楼春）

蓬山此去无多路，天接云涛连晓雾。当时相聚小红楼，今日独凭松柏树。

鲜花撒罢风前舞，诗句裁成心低诉。声声炮竹岁将新，点点寒鸦天欲暮。

二〇〇八年二月六日，丁亥岁除夕作。

贺钟先生九五大寿

“常见校园清晓，一叟神扬步矫。借问是何人？如此神仙仪表？”“知否，知否。此即敬文钟老。”

“我亦久闻钟老，早是一级国宝。提起民俗学，敢不一齐拜倒？”“尚少，尚少。还有诗文更好。”

读钟敬文诗存

天要好诗万古传，又生钟老到人间。
沧桑历尽添诗兴，学问融通贯笔端。
情语动人皆仰慕，浮名于我等云烟。
如今正是风光好，海屋添筹续锦篇。

悼钟老（调寄烛影摇红，又名归去曲、忆故人）

余曾受钟敬文先生委托，协助整理其诗集，先生曾云：“余死后能在墓碑刻上‘诗人钟敬文’足矣。”

昨夜笺诗，先生精力尚如虎。今朝把卷欲重吟，遗墨隔尘土。热泪不由翻舞。恨死神、安排错忤。钟情独在，一卷诗词，不及亲睹。

八百华章，先生自撰英雄谱。放翁情事杜陵心，未必如君苦。史诗自当千古。人心自、为君做主。诗人美誉，虽未镌碑，非公莫属。

“昨夜”句谓余整理钟老诗集也。

望海潮　贺杨敏如先生九十大寿

左芬兄妹，易安伉俪，今生泗水杨家。即席吟诗，当堂应对，敏如临场八叉。妙语出奇葩。生徒争列座，击节称佳。七秩耕耘，新桃旧李遍天涯。

平生回首堪嗟。有雄心壮志，非止文华。耿耿衷情，唯天可表，知谁阴错阳差。莫怨黑云遮。且幸晚风吹，天满红霞。眉寿有如梅树，老干着繁花。

左芬，南北朝时女诗人，其兄左思为当时著名诗人。易安，即李清照，其夫赵明诚为宋朝著名学者。杨敏如先生其兄为著名学者杨宪益先生，其夫为著名学者罗霈霖院士。“八叉”指唐代诗人温庭筠，温才思敏捷，每临场为文只需叉手八次即可终篇，人称“温八叉”。老干着繁花：梅尧臣诗：“老树着花无丑枝。”

读曹群英先生《荒年》，忆学生连生活（调寄疏影）

椎心泣血。记劫尘时代，蹉跎岁月。雁北孤营，坝上荒丘，依稀鸿爪泥雪。阳飚尚可薄衾抵，最无奈、阴风凄烈。纵春光、偶过阳关，难展愁心千结。

毕竟人中英杰。任雨狂风骤，本色难灭。龙马蛰伏，地火潜行，只待乘时腾跃。坚冰一旦失寒宇，终化作、秋空霁月。忆平生、苦辣酸甜，风味这边独绝。

纪念励耘老人陈援庵先生诞辰一百三十年

田亩丰收在励耘，先生之志在学林。
力辞总长标风义，甘退一隅创辅仁。
爱国情怀流史笔，兴邦热血铸师魂。
回眸桃李人间盛，终慰生前种树心。

陈援庵先生曾任北洋政府代理教育总长，后因政见不合，愤而辞职，创办辅仁大学。晚年曾作《今日》诗，中云：“芬芳桃李人间盛，慰我平生种树心。”

祝“红楼之约”诗词社成立（调寄御街行）

中文系九六级学生结成“红楼诗社”，邀余作学术指导，其间自有一番唱和，今录以下四首。

诗人自古结诗社，玉石相雕琢。“梁园”枚马竞华章，陶令“白莲”常客。大观园里，佳人才子，菊咏分题作。

红楼之约今又设，有倡应须和。试将古调谱新篇，记取青春时刻。百花园里，群芳斗艳，须有古香色。

“枚马”指枚乘、司马相如；“陶令”指陶渊明。

贺红楼社成立一周年及作品结集
（调寄生查子）

去年春夜时，初结红楼义。赤手捕长蛇，笔耕处女地。
今年春夜时，佳作如花季。假以两三年，当惊李杜避。

品茶三咏（调寄十六字令）

红楼诗社举行茶艺表演，即席而作。

茶，小饮一杯润齿牙。留余味，遮面抱琵琶。

茶，小饮两杯味转佳。香压苦，雪后访梅花。

茶，小饮三杯爽透颊。飘飘举，骑鹤赏烟霞。

品茗口占

以苏轼语戏成品茗小诗，口占于红楼社又一次茶艺表演上。

“从来佳茗似佳人”，此语虽佳若未真。
佳茗七杯随我品， 佳人一个也难寻。

“从来佳茗似佳人”，苏轼语也。“茗”为上声字。“七杯”用卢仝典。

《富春山居图》合璧抒怀

谁泻春江纸上流，大痴笔墨冠千秋。
层层山影容神往，谡谡松风助卧游。
一卷何堪遭并剪，同根岂忍裂金瓯。
剩山恨水今合璧，化作飞虹洗旧愁。

“并剪”，并州所产之剪，极锋利。

辛亥革命百年纪

一、历史之缘起

封建王朝岁月长，前曾灿烂后凋伤。
维新或可期回日，立宪终难再补亡。
帝制孤舟终覆没，共和大纛始高扬。
潮流浩荡催人省，顺逆昌亡在自强。

二、斗争之卓绝

仁人志士会同盟，誓与皇权拼死生。
痛诀妻儿临易水，高吟诗句赴轩亭。
城头尽染英雄血，岗上深镌烈士铭。
天下为公酬壮志，舍生取义荐中兴。

三、历程之艰难

中兴之路太蹉跎，战火纷飞磨难多。
窥鼎枭雄频走马，欺天大盗数翻波。
抗倭尽洒炎黄血，建业屡操兄弟戈。
一寸山河一寸泪，神州始唱大风歌。

四、未来之展望

六十年来无战尘，惜乎一半自纷纭。
出征莫讳前车误，崛起应缘后劲深。
宝岛重归版舆统，金瓯久裂政权分。
何时一笑恩仇泯，不愧祖先慰子孙。

“世界潮流，浩浩荡荡。顺之者昌，逆之者亡。”中山先生语也。“痛诀”句谓林觉民烈士。“高吟”句谓秋瑾烈士。秋瑾遇难于绍兴“古轩亭口”，牺牲前曾有“秋风秋雨愁煞人”之诗句。“城头”指武昌城。“岗上”谓黄花岗。“窥鼎”句：谓军阀混战。“欺天”句谓袁世凯称帝。

散步

先师元白公韵语集有《古诗二十首》《古诗四十首》，一事一吟，选材广泛、立意生动、格调幽默、语言古朴，真《古诗十九首》绝妙之现代版也。欲效之久矣，今凑成十九首，以足“十九首”之数，愿先生在天之灵以教我。以下九首即选于此。

每天两次走，米达逾数千。
既可活筋骨，又可觅诗篇。
不论寒与暑，坚持数十年。
惜乎弯弯绕，不能直线连。
否则日日累，早已到广寒。
掉臂逍遥游，何必乘飞船。
健步凌云去，无翅也飞天。
哀哉复哀哉，人间行路难。
行行重行行，只到八宝山。

米达，英语 meter 的音译，即公尺。

街头象棋

竞技百余种，象棋最普及。
街头与公园，到处有棋迷。
黄昏趋灯聚，夏日随荫移。
蒲扇任意摇，茶杯随手提。
或坐小马扎，或蹲若弓箕。
双方正沉思，观者不胜急。
索性频出手，喧宾夺主席。
胜负尚其次，一乐尤可期。
所以下到老，依旧是臭棋。

生

人人要自由，此语颇荒诞。
生即不由我，父母偷其便。
人人要平等，冠冕难实现，
呱呱落谁家，命已定大半。
从此登羁旅，迢迢度驿站。
前途似万千，轨迹只一线。
世代信无穷，爪痕只一段。
是人是蝴蝶，庄子浑莫辨。
究竟我为谁，西哲也兴叹。

长

生长有烦恼，我辈前无古。
丰年不满十，荒年倍其数。
物质极贫穷，精神遭桎梏。
不得强羽翼，只许相煎促。
本应展鸿途，却被蚕茧缚。
欲求黄钟鸣，反如寒蝉树。
不幸生斯年，不忍离斯土。
一人不足惜，一代祭刀俎。
子在川上曰，逝者如斯夫！

病

少小体羸弱，疾病早纠缠。
老来更张狂，病病相勾连。
日日复日日，太半病中煎。
恨不扫病魔，宁可折十年。
可惜无灵药，心馀力孤单。
病魔且莫舞，我死君亦完。
不如两相让，各自保平安。
我留君一席，君容我迁延。
待到大限日，一起上西天。

死

生则为偶然，死则为必然。
生即倒计时，死即为终端。
生路千千万，共趋鬼门关。
达者执畚锸，迷者铸铁棺。
与其恋尸骨，何如勘因缘。
死若勘不破，知生何从言。
欣然携亲朋，计程八宝山。
一路观风景，便是人生欢。
山重水复后，化作一缕烟。

孔子云：“不知生，焉知死。”又曰：“子不语怪力乱神。”吾亦曰：“反之亦然，不知死，焉知生。”

家

狡兔三窟秘，双燕小巢轻。
人生求稳定，结婚组家庭。
亚当与夏娃，月老系红绳。
辛苦共耕织，慈爱抚幼婴。
纵遇暴风雨，小港浪自平。
床头几片瓦，我家紫禁城。
老来子孙去，各自展鹏程。
舔犊何须报，反哺念旧情。
代代无穷已，人类得永恒。

命运

印度分种姓，贵贱由天定。
古代分九品，清浊渭与泾。
当代划阶级，子孙早定性。
户籍分城乡，同生不同命。
所以倡人权，天生当平等。
坦途获自由，有志皆驰骋。
忽闻基因学，密码如命令。
程序早排好，寿夭与疾病。
命运究如何，恼人如春梦。

灵魂

人生一落地，灵肉即相副。
人死余僵尸，灵魂归何处？
若与身俱死，如何只见骨？
若弃身而去，虚空哪可宿？
所以求道人，专心为之悟。
悟者九天行，迷者苦海渡。
今有革命人，彻底倡唯物。
又将见马列，作为临终祝。
既然无灵魂，何处可光顾？

岑参

余有唐宋十大诗人——王维、岑参、李白、杜甫、白居易、韩愈、李商隐，苏轼、杨万里、陆游组诗，且效其最擅长之体裁，各拟一二首以赞之，现选三人。

战火风尘二十年，几番跃马戍天山，气压班超与张骞。
一闻锋镝战马舞，令行禁止听金鼓，盛唐将士气如虎。
胡天八月雪飞扬，胡旋宥酒烤全羊，异域自有好风光。
战地衰草缠白骨，大漠风烟燃焦土，旷夫怨妇相隔阻。
个中滋味谁能讴？惟我大唐岑嘉州，奇情丽景一笔收。
从此诗坛开新宇，边塞诗派传千古，敢不奉他为盟主！

杜甫

一

诗圣大名垂宇宙，苍生社稷总关情。
中原战火历生死，巴蜀流离感废兴。
讴尽平生望帝血，化为万古杜鹃鸣。
民艰国难齐担荷，岂止因诗太瘦生。

李白《戏赠杜甫》："借问别来太瘦生，总为从前作诗苦。"

二

沉郁还将顿挫兼，少陵风韵自心源：
民胞物与凝人道，世替时艰励圣贤。
热泪满襟三致志，衷肠难展九回环。
后人欲学空搔首，岱岳果然小众山。

司马迁《报任安书》："肠一日而九回。"《屈原列传》："一篇之中三致志焉。"

苏轼

一

东坡诗意最庞杂，地负海涵该百家。
议政论文超北海，谈天说地过南华。
长江对月悲鸿影，孤岛临风傲海涯。
百态人生真味永，何忧滚滚浪淘沙。

汉李邕（字修穆）、魏孔融（字文举）、唐李邕（字泰和）皆号北海，亦皆善议政论文。人称《庄子》为《南华经》。

二

天马行空才气奢，东坡诗笔妙生花。
典丰错列仰星斗，喻美翻飞叹晚霞。
惟我真情羞隐遁，大千妙谛咀精华。
诙谐嬉怒皆风雅，如此仙才最可嘉。

人称东坡为坡仙。启功先生曾赞曰：“天仙地仙太俗，真人惟我髯公。”

李煜（调寄虞美人）

余有唐宋十大词人——温庭筠、李煜、柳永、苏轼、秦观、周邦彦、李清照、辛弃疾、姜夔、吴文英组词，且各取其常用之词牌拟一二首以赞之，现选六人。

每拈诗笔才思涌。文采风流种。可怜生在帝王家。葬送江山葬送好年华。

幸传几首伤心句。千古流芳誉。始知盛事本词章。胜似牵羊肉袒作降王。

曹丕《典论·论文》：“文章乃经国之大业，不朽之盛事。”

柳永（调寄望海潮）

江南才子，负笈北上，本期际会风云。金榜屡空，仕途多舛，庙堂不买经纶。奉旨作词人。风流倜傥后，多少酸辛。羁旅行程，残蝉秋雨暗伤神。

青楼幸遇知心。有清醇美酒，喁喁柔音。才子佳人，递笺传唱，良宵一刻千金。枯笔且逢春。词史传佳话，唯我独尊：凡有人烟井水，即有柳词吟。

苏轼（调寄水调歌头）

一

造化钟神秀，苏子降文坛。星岳同趋泰斗，仰止服膺看。馀事文章书画，游戏诗词歌赋，流溢自心田。学养充天地，手笔自超凡。

出天府，历中国，贬海南。世风尝尽，诗人情味最婵娟。啸咏长江风月，饱吃岭南粗粝，愁苦亦欣然。若论真名士，自古属坡仙。

苏轼有诗云："诗人情味最动人"，此乃理解苏轼之关键也。

二

清旷风波令，豪放大江东。藐如姑射冰雪，烈似海天风。喝断红香翠软，扫却尊前月下，浩气贯长空。海外开天地，林下启门宗。

叙人事，写风物，课桑农。情真意切，横空健笔亦从容。调得胸中丘壑，洗尽肠间块垒，万象聚浑融。燕雀争高翥，云外慕飞鸿。

“风波令”即《定风波》。“藐姑射”句见《庄子·逍遥游》

秦观（调寄踏莎行）

锦绣才华，纷纭愁绪。悠悠情思凭谁诉？不如对雨竚楼头，凝成泣血伤心句。

岁月无情，人心有据。千年亦有知心慕。天涯寂寂断肠人，词坛楚楚长青树。

辛弃疾（调寄满江红）

百战归来，空作个、带湖倦客。整日伴、灵山风物，黄沙阡陌。烈酒偏从花下醉，雕弓只向石中射。叹蛟龙、一旦失鲸涛，池边卧。

功业冷，肝肠热。英雄事，难寂寞。笔换刀，挥洒淋漓翰墨。慷慨悲歌栏楯碎，唏嘘夜雨红巾和。千首词、化作满天星，长空烁。

姜夔（调寄扬州慢）

夜过垂拱，霜寒露重，任他一舸轻篙。似清塘荷影，浊世显洁操。惟不忘卢州杨柳，浅斟低唱，韵永格高。算柳、周，纵有深情，略显轻佻。

天降大任，继苏辛，再领风骚。将蜜意柔情，提空尽入，健笔并刀。洗尽铅华绮靡，对初雪，月下吹箫。开清空骚雅，别为一代风标。

据夏承焘先生考证，姜词中有二十余首是写思念合肥情侣的，情侣当为姊妹二人。合肥古称卢州，多杨柳，姜词在词中也多用杨柳代指情侣所居之地。

吴文英（调寄风入松）

梦窗词似梦窗名。碎“梦”小“窗”萦。循规蹈矩由他舞，予独喜、剑走偏锋。独立词坛怅触，千年难觅同声。

迷离惝恍苦经营。只为太钟情。西湖碧水苏州柳，总勾连、倩影娉婷。何似“窗”前凝望，任他痴“梦”频惊。

据考证梦窗有二痴情者，一在杭州，一在苏州。王国维曾拈梦窗词句“映梦窗，凌乱碧”来概括梦窗词特色。

雨中观荷（调寄虞美人）

珍珠滚动田田叶。刹那铿然泻。丝丝烟雨笼涟漪。一柄青荷一首动人诗。

小荷楚楚初开早。润就娥眉好。微风一阵掠清波。无数芭蕾美女舞婆娑。

壁上蜗牛（调寄虞美人）

微躯不顾自家力。负重争攀壁。进而复退似穿梭。直至中途累死剩空壳。

其中也有英雄样。努力争肥壮。谁知未及逞英豪。早已成为人类美佳肴。

候鸟（调寄虞美人）

时家北海时南海。岁岁春秋改。全凭两翅驾长风。何惧天高海阔万山重。

笑他人类分国住。唯我无拘束。水肥鱼美即家乡。世界公民来往任徜徉。

残雪（调寄虞美人）

多情白雪知春近。渐渐消融尽。只馀墙角似坚冰。像是特殊材料所制成。

虽然独立无俗态。只是洁难再。何如早日嫁东风。化作来年瑞兆舞长空。

车祸

平时影视见如常，今日亲经惊断肠。
初似蛟龙腾浪涌，终如老兔搏鹰翔。
追星直取戴安娜，归队欲投邓朴方。
但恨凡夫非龙种，沉吟三月卧绳床。

“老兔搏鹰翔”，谓车四轮朝天，如老兔翻身，与鹰搏击也。

七十抒怀

写于《土水斋诗文选》出版之日。

拖泥带水古稀临，把酒回眸忆劫尘。
有限青春连夜雨，无聊暮齿守残薪。
空留半卷诗文选，难副一生社稷心。
但愿书生迂可笑，前程自有报时春。